To all of the children
who spent most of a year learning from home, and...

to all of the teachers
who strived to make sure that every
moment with them mattered...

Thank you!

A todos los niños que pasaron la mayoría del
año aprendiendo desde casa y...

a todos los maestros que se esforzaron por
que cada momento valiese la pena.

Gracias.

Published in 2024 by Kelley Donner
www.KelleyDonner.com

Text Copyright © 2021 Kelley Donner
Illustrations Copyright © 2021 Kelley Donner
Translated by Gabriella Aldeman 2023

All rights reserved
No part of this book may be used in any manner without written permission of the copyright owner except for the use of quotations in a book review.

Information provided in A Little Donnerwetter books is not intended to provide medical advice. If you are concerned about the health and well-being of you or your child, you should always consult an appropriate health care professional.

First Edition 2021

School is More Than a Building
ISBN 978-1-955698-99-3 Paperback
ISBN 978-1-955698-98-6 Ebook
ISBN 978-1-955698-00-9 Hardback
ISBN 978-1-955698-15-3 Paperback Spanish
ISBN 978-1-955698-12-2 Paperback Spanish/English
ISBN 978-1-955698-13-9 Paperback German/English

Storybook Walk Editions:
ISBN 978-1-955698-06-1 Paperback 8.5 x 11
ISBN 978-1-955698-11-5 Laminated 11 x 17
ISBN 978-1-955698-14-6 Paperback 8.5 x 11 Spanish
ISBN 978-1-955698-16-0 Paperback 8.5 x 11 Spanish/English

A Little Donnerwetter Books
Great Books for Great Kids!

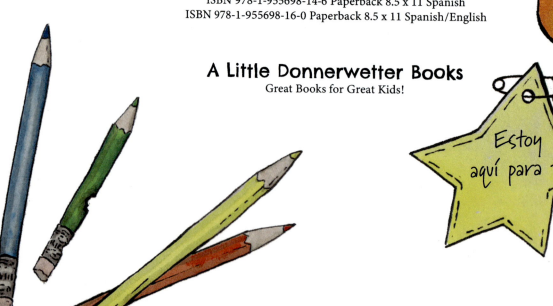

ENGLISH:

School is More Than a Building!

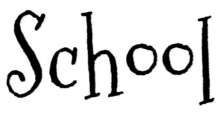

Written and illustrated by **Kelley Donner**

Celebrating our schools, the people who make them great,
and the positive influence they can have on children's health and well-being.

SPANISH:

¡La escuela es más que un edificio!

Traducido por **Gabriella Aldeman**

Celebrando nuestras escuelas, las personas que las hacen especiales y la influencia positiva que tienen en la salud y el bienestar de los niños.

My school is made of bricks.
It has many windows,
and, two big front doors.

Mi escuela está hecha de ladrillos.
Tiene muchas ventanas
y dos grandes puertas de entrada.

But, my school is **more** than just a building...

Pero mi escuela es **más** que un edificio...

it is a place
where I feel welcome.

es un lugar
donde soy bienvenido.

In the morning my principal
greets me with "Hello!"
En la mañana, el director de la escuela
me saluda: «¡Hola!».

My teachers ask me how I am.
Mis maestros me preguntan cómo estoy.

The librarian gives me a huge smile.
La bibliotecaria me da una enorme sonrisa.

And, my friends are excited to see me.
Y mis amigos se alegran de verme.

My school is **more** than just a building...

Mi escuela es **más** que un edificio...

it is a place **where I can be
with my friends.**

es un lugar **donde puedo estar
con mis amigos.**

I learn with them
together in our classroom.
Aprendo con ellos en clase.

We play
on the playground.
Jugamos en el patio de recreo.

I smile at my friends
and make them laugh.
Yo le sonrío a mis amigos y los hago reír.

But, my school is **more** than just a building,
it is a place **where I can learn**

Pero mi escuela es **más** que un edificio,
es un lugar **donde puedo aprender**.

My teachers know how I learn best.
Mis maestros saben la manera en que aprendo mejor.

I like learning with my friends.
Me gusta aprender con mis amigos.

They help me when I'm frustrated.
Me ayudan cuando estoy frustrado.

Sometimes learning is challenging.
A veces es difícil aprender.

They're happy for me when I learn something new.
Se alegran por mí cuando aprendo algo nuevo.

It always feels good when I finally understand something that was really difficult in the beginning.
Me siento bien cuando entiendo algo que al principio me resultaba difícil.

But, my school is **more** than just a building,
it is a place **where people listen.**

Pero mi escuela es **más** que un edificio,
es un lugar **donde la gente escucha.**

My teacher comforts me when I'm having a bad day.
  Mis maestros me consuelan cuando tengo un día difícil.

  The nurse is there for me
when I complain of a tummy ache.
La enfermera está a mi lado cuando
    me duele la barriga.

   The janitor laughs at my jokes.
El conserje se ríe con mis chistes.

The librarian listens to stories
     about my adventures.
La bibliotecaria escucha
   mis cuentos y aventuras.

There is always someone who will listen.

Siempre hay alguien que me escucha.

But, my school is **more** than just a building,
it is a place **where I can be creative.**

Pero mi escuela es **más** que un edificio,
es un lugar **donde puedo ser creativo.**

I can use my imagination.
Puedo usar mi imaginación.

I can create new things.
Puedo crear cosas nuevas.

I can play pretend.
Puedo jugar a ser lo que deseo.

I can draw, paint, color
and build things with my friends.
Puedo dibujar, pintar, colorear
y construir cosas con mis amigos.

But, my school is **more** than just a building,
it is a place **where I can learn to be healthy.**

Pero mi escuela es **más** que un edificio,
es un lugar **donde puedo aprender
a ser sano y saludable.**

I run and jump.
Corro y salto.

I sing and dance.
Canto y bailo.

I play tag with my friends.
Correteo con mis amigos.

We love to laugh
and have fun.
Nos encanta reír
y divertirnos.

I also do my best
to eat a healthy meal at lunchtime.
También hago todo lo posible
para comer sano a la hora del almuerzo.

But, my school is **more** than just a building,
it is a place **where people care about me.**

Pero mi escuela es **más** que un edificio,
es un lugar **donde las personas se preocupan por mí.**

My teachers make me feel special.
Mis maestros me hacen sentir especial.

My friends care about me.
Mis amigos se preocupan por mí.

The staff are there when I need them most.
El personal escolar está ahí cuando más lo necesito.

At school I feel safe, and loved.
En la escuela me siento querido y protegido.

But, my school is **more** than just a building, it is a place **where I can be me.**

Pero mi escuela es **más** que un edificio, es un lugar **donde puedo ser como soy.**

I can be independent and do things all by myself.
Puedo ser independiente y hacer cosas por mí mismo.

My friends and teachers know and understand me.
Mis amigos y maestros me conocen y me entienden.

I feel proud of who I am.
Me siento orgulloso de quien soy.

I am unique!
¡Soy único!

But, my school is **more** than just a building,
 it is a place **where I am *part* of a community.**

Pero mi escuela es **más** que un edificio,
 es un lugar **donde formo *parte* de una comunidad.**

We learn about each other and what makes each of us special.
Aprendemos los unos de los otros
y de nuestras cualidades especiales.

We learn to be kind to one another.
Aprendemos a ser amables con los demás.

My school is a big family and
we are part of a global community.
Mi escuela es una gran familia
y somos parte de una comunidad global.

My school is so much **more** than just a building...

Mi escuela es mucho **más** que un edificio...

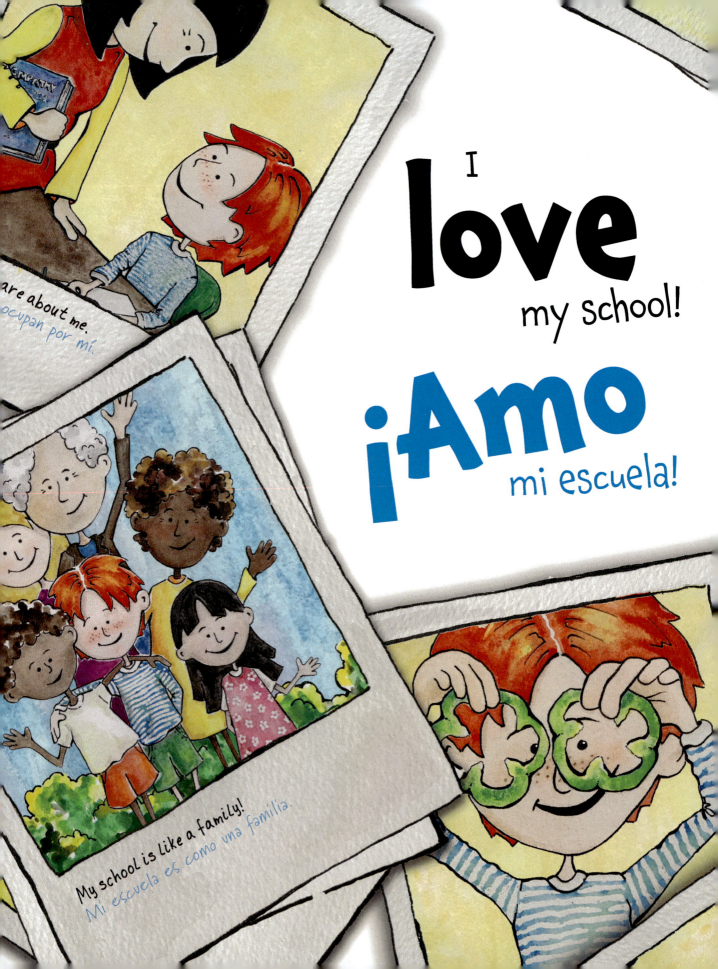

Dear Reader,

The pandemic made it painfully clear just how sensitive children are to the world around them and how important schools are for many children's health and well-being. Not all children come from a happy home and for many, schools are a place of refuge and escape. It is important that children are aware that schools are not only a place of learning but a safe place where there are people that they can trust and go to if they need help.

This book was created to not only celebrate schools and everything they do for children, but also as a teaching tool to remind children that the teachers and staff who work at their school are there for them. Schools are more than a building, they are an integral part of a child's life.

Please help me in making schools a positive place for children where they are able to learn in an environment in which they feel safe and loved.

Kind regards,

Kelley Donner

PS. If you enjoyed this book, please consider leaving an honest review on Amazon or Goodreads. Thank you for your support!

Estimado lector,

La pandemia ha dejado dolorosamente claro lo sensibles que son los niños al mundo que los rodea y lo importantes que son las escuelas para la salud y el bienestar de nuestros niños. No todos los niños proceden de un hogar feliz y para muchos la escuela es un lugar de refugio. Es importante que los niños sepan que las escuelas no son solo un lugar de aprendizaje, sino un lugar seguro donde hay personas en las que pueden confiar y a las que pueden acudir si necesitan ayuda.

Este libro se creó no solo para celebrar las escuelas y todo lo que hacen por los niños, sino también como herramienta didáctica para recordar a los niños que sus maestros y el personal escolar están ahí para ellos. Las escuelas son más que un edificio, son parte integral de la vida de un niño.

La escuela es un lugar positivo para los niños, donde pueden aprender en un entorno en el que se sienten queridos y protegidos.

Un cordial saludo,

Kelley Donner

P.D. Si te ha gustado el libro, comparte tu opinión en Amazon o Goodreads. ¡Gracias por todo el apoyo!

Is your school **more** than a building?

There are many great schools with dedicated and hardworking teachers, librarians, principals, nurses, counselors, and other staff who work hard to make sure that schools are a positive place for children. Thank you all for your service.

Please consider sharing your story of how your school is making a positive impact on children in your community by joining the *I love my School*! Showcase.

The - I Love My School! - Showcase

Many people have written to me and told me about how much they love their schools. Here are some examples. You can view more and learn how to add your school story at:

Bethaina, age 11, England

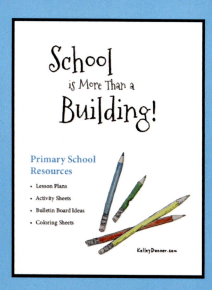

School is More Than a Building
Resource Pack

Find out how you can use *School is More Than a Building* at your school. This resource pack which includes lesson plans, bulletin board ideas, activity sheets and more and can be found **for free** at:

KelleyDonner.com/school-is-more-than-a-building

Do you love your school? Complete the sentence below and then draw your school.
¿Amas tu escuela? Completa esta frase y dibuja tu escuela en el recuadro.

_____
Name/Nombre

My school is **more** than a building. It is a place where…

Pero mi escuela es **más** que un edificio. Es un lugar donde…

_____

_____

_____

_____

_____

School is More Than a Building © 2021 KelleyDonner.com

*"It's a place which welcomes you inside,
keeps you safe, and misses you when you are gone. And, then,
it accepts you back again with open arms.*

School is more than a building. Mine is, and, always will be."

- Ms Sheila Alexander
retired teacher-librarian, Union Valley Elementary, NJ

Made in the USA
Las Vegas, NV
20 July 2024